ALAIN GRÉE

DÉCOUVRE LE MONDE AVEC RÉMI ET CAPUCINE

LES SAISONS

Texte de Cécile Marais

Flammarion

Le printemps

Depuis le mois de mars, la nature se réveille et les fleurs apparaissent. Rémi apprend à les reconnaître avec le jardinier.

Les fleurs ont besoin
d'être arrosées pour
bien pousser.

Le muguet fleurit
dans les bois : on dit
qu'il porte bonheur !

bouton-d'or

myosotis

pervenche

jonquille

Les pétales des fleurs ont chacun leur couleur et leur forme.
Rémi va faire de beaux bouquets !

Les radis, les salades et
les premières cerises
apparaissent sur le marché.

Dehors, l'air est doux : c'est agréable d'ouvrir les fenêtres.
Dès le matin, Rémi entend le chant des oiseaux.

Les hirondelles, qui étaient parties pendant l'hiver, reviennent des pays chauds.

La mésange bleue, le rouge-gorge et le moineau préparent leurs nids pour pondre des œufs.

Au printemps, les abeilles butinent les fleurs...

... elles aspirent leur jus sucré pour en faire du bon miel.

Les tortues, les serpents, les hérissons quittent leurs cachettes d'hiver. Ils partent à la recherche de nourriture.

L'ÉTÉ

En juillet et en août, ce sont les vacances d'été ! Rémi et Capucine en profitent pour aller au bord de la mer.

Sous le soleil,
quel plaisir
de faire de
la planche à
voile, de pêcher
des crevettes…

… et d'attraper des petites bêtes
qui vivent au fond de la mer.

À marée haute, les vagues
détruisent les pâtés de sable.

En été, le soleil brille fort :
il fait beau et chaud.

aubergine

poivrons

concombre

Tous ces fruits
et légumes
sont récoltés
en été.

tomates

Dans le jardin potager, les légumes sont mûrs.

Le fermier coupe l'herbe dans les champs. Séchée, elle devient le bon foin que les animaux mangent en hiver.

C'est l'époque des moissons. Le blé mûr est transformé en farine.

Rémi montre à Capucine le coquelicot rouge qui pousse dans les champs.

L'automne

Les jours raccourcissent et il pleut de plus en plus souvent : c'est l'automne ! Les feuilles des arbres deviennent jaunes, orange ou rouges avant de tomber.

Dans le verger, il est temps de cueillir les pommes, les poires, les noix et les coings.

Rémi et Capucine ont trouvé des marrons et des châtaignes.

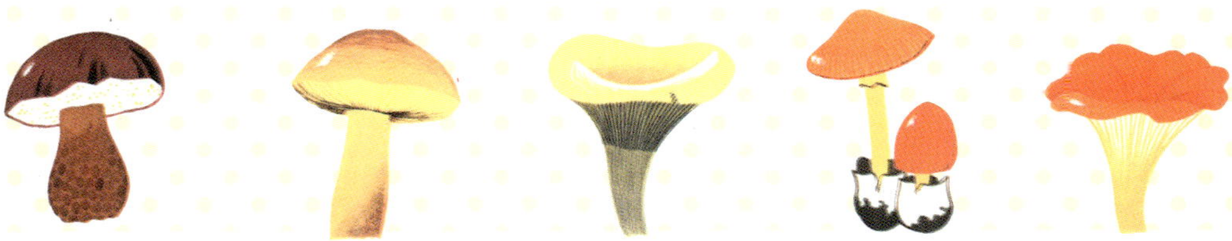

C'est aussi le moment de ramasser les champignons. Il faut savoir les reconnaître car certains sont vénéneux.

Les vendanges commencent : le raisin est transformé en vin.

L'écureuil fait ses provisions avant le grand froid de l'hiver.

L'HIVER

Brrr... Il fait froid et le paysage se recouvre de blanc quand il neige. La nature semble s'endormir, c'est l'hiver !

Le chasse-neige dégage les routes
pour que les voitures puissent circuler.

Les sapins ne
perdent pas
leurs aiguilles
en hiver.

Il fait si froid que l'eau de l'étang est
gelée. Et si on essayait le patin
à glace ?

C'est aussi très amusant
de jouer au hockey.

Rémi et Capucine partent à la montagne.

Ici, les maisons sont en bois.
Ce sont des chalets.

Rémi a pris ses skis. Il va monter en télécabine en haut de la montagne.

Du haut jusqu'en bas des pistes, les skieurs descendent en faisant de beaux virages.

Qui a fait ce beau
bonhomme de neige ?

Sur leurs luges, les enfants dévalent
les pentes à toute vitesse.

Au sommet des hautes montagnes,
la neige ne fond jamais.

L'hiver, c'est aussi
le moment magique
de Noël.

Le rythme des saisons

Il y a quatre saisons dans une année et trois mois dans une saison. Connais-tu le nom de chaque mois ?

Quand c'est l'hiver dans certains pays, c'est l'été de l'autre côté de la planète.

Au pôle Nord, il n'y a pas quatre saisons : il fait très froid toute l'année.

Dans les déserts, il ne pleut presque jamais. En Égypte, la chaleur est très forte.

à toi de jouer

Chacun des quatre bonshommes de neige a une différence avec le premier. Retrouve-les.

Peux-tu compter toutes les tulipes dans ce paysage ?

Quel chemin doit prendre Rémi pour aller chercher du bon miel dans la ruche ?

Tous les champignons vont deux par deux. Retrouve les paires.

Réponses : La carotte, la pipe, l'écharpe, le chapeau / 9 tulipes / Chemin n° 3 / A-H, B-F, C-I, D-J, E-G.

ALAIN GRÉE TOUTE LA COLLECTION

DÉCOUVRE LE MONDE AVEC RÉMI ET CAPUCINE

AMUSE-TOI À LIRE AVEC RÉMI ET CAPUCINE

ISBN : 978-2-0812-3067-5
Conception graphique : Frédérique Deviller et studio Flammarion jeunesse

Imprimé en Asie par Papersong en janvier 2010
Dépôt légal : juin 2010
Éditions Flammarion (n°L.01EJDN000477) – 87, quai Panhard-et-Levassor, 75647 Paris Cedex 13
Loi n°49-956 du 16 juillet 1949 sur les publications destinées à la jeunesse